Inhalt

Halbjahresbilanz im Chemiegeschäft - Spitzen-Konjunktur und anhaltender Branchenwandel

Kernthesen

Beitrag

Fallbeispiele

Zahlen und Fakten

Weiterführende Literatur

Impressum

GENIOS BranchenWissen Nr. 08/2007 vom 13.08.2007

Halbjahresbilanz im Chemiegeschäft - Spitzen-Konjunktur und anhaltender Branchenwandel

Autor GENIOS BranchenWissen: A.Schneider

Kernthesen

- Der Branchenverband der Chemieindustrie erhöhte die Wachstumsaussichten für das Gesamtjahr nochmals deutlich auf 7,5 Prozent beim Umsatz und bis zu 4 Prozent bei der Produktion.
- Die Neuordnung der zersplitterten Branche ist nach wie vor im Gange, Firmenübernahmen sind an der Tagesordnung.

- BASF verkauft einen Teil seines Styrol-Kunststoffgeschäfts, Basell übernimmt Lyondell, die Kunststoffsparte von GE geht an Sabic, Huntsman an Hexion, Akzo und Henkel haben ICI im Auge, Ineos bleibt aufs Einkaufstour, Lanxess ist bei Degussa abgeblitzt.

Beitrag

Die Chemiekonjunktur in der ersten Hälfte des Jahres lief weitaus besser als erwartet. Geld ist vorhanden, und die Zahl der (versuchten) Firmenübernahmen bewegte sich fast auf Rekordhöhe.

Chemiekonjunktur im 1. Halbjahr besser als erwartet

Gute Nachrichten kommen derzeit aus der Chemiebranche. Die Geschäfte florieren. Zu Jahresanfang hatte sich der Branchenverband VCI noch in Zurückhaltung geübt und ein bescheidenes Umsatzwachstum von 2,5 Prozent in Aussicht gestellt. Im Laufe der vergangenen Monate gab er sich dann bereits euphorischer und erhöhte auf 4,5 Prozent. Und jetzt wird er noch mutiger und sieht das

Umsatzwachstum der Chemiebranche gar bei 7,5 Prozent. Die Produktion soll um 3,5 bis 4 Prozent steigen. (1)

Dank gestiegener Nachfrage im In- und Ausland kletterte der **Umsatz** im ersten Halbjahr 2007 gegenüber dem Vorjahr um 8 Prozent auf knapp 84 Milliarden Euro. Die Kapazitäten der Unternehmen sind mit 87 Prozent sehr gut ausgelastet.Das Chemiegeschäft wuchs im In- und Ausland mit gleich hoher Geschwindigkeit. Die gute Konjunktur in fast allen Auslandsmärkten ließ den Auslandsumsatz um 8 Prozent auf 46,7 Milliarden Euro wachsen. Auch der Inlandsumsatz stieg um 8 Prozent auf 37,1 Milliarden Euro.Die **Produktion** legte um 4 Prozent zu, die **Erzeugerpreise** stiegen um 2 Prozent. Die Zahl der **Beschäftigten** liegt bei 434 640 Mitarbeitern; neue Stellen sollen noch dieses Jahr geschaffen werden. Die Firmen planen im Gesamtjahr **Anlageinvestitionen** von 5,8 Milliarden Euro (plus 3% im Vergleich zum Vorjahr).Die **Chemieexporte** dazu gehören neben den Auslandsumsätzen der Chemieunternehmen auch der Verkauf von chemischen Produkten durch andere Branchen sowie Re-Exporte stiegen im ersten Halbjahr 2007 um 12 Prozent auf 64 Milliarden Euro. Damit gehen vom Exportgeschäft weiterhin wichtige Impulse für die Chemiekonjunktur aus.Die wachsende Inlandsnachfrage ließ auch die **Importe** deutlich steigen. Mit einem Wert von knapp 45

Milliarden Euro lagen sie zur Jahresmitte um 13 Prozent über dem Vorjahresniveau. Die deutschen Chemieunternehmen haben damit im ersten Halbjahr rund 19 Milliarden Euro zum Exportüberschuss unseres Landes beigetragen. (2)

Auch das Aktiengeschäft profitiert. Der europäische Stoxx-Index für die Chemiebranche legte in den vergangenen zwölf Monaten um 47 Prozent zu und wird damit nur von Autoaktien mit 67 Prozent und Rohstoffwerten mit 53 Prozent übertroffen. (3)

Branchenwandel hält an

Die Chemiebranche gilt als fragmentiert. Die führenden 50 Hersteller bestreiten zusammen lediglich ein Drittel des Weltchemiemarktes. Nach wie vor ist die Branche daher dabei, sich neu zu formieren und neue Verbindungen einzugehen.

Die Motive sind unterschiedlich. Die einen wollen verlässliche Ertragsquellen hinzugewinnen und auf den neuen östlichen Wachstumsmärkten präsenter werden (Bsp. BASF, Dow), die anderen wollen sich im Westen etablieren (Bsp. Sabic/GE), kleine und mittlere Spezialanbieter wollen ihre Positionen in spezifischen Nischen stärken (Bsp. Hexion, Akzo/ICI), und wieder andere wollen ganz neue große Chemiekonglomerate schaffen (Bsp. Ineos, Basell). (4)

Basell neuester Übernahmeversuch zielt auf amerikanische Lyondell

Auf besonders wild entschlossener Einkaufstour ist Len Blavatnik, der Eigentümer der niederländischen Basell. Zwei Mal ist er bereits abgeblitzt. Im Mai wollte er die Kunststoffsparte von General Electric kaufen. Doch er wurde vom saudi-arabischen Petrochemiekonzern Sabic aus dem Rennen geworfen. Im Juli brüstete sich Blavatnik dann bereits mit der Übernahme des amerikanischen Chemieunternehmens Huntsman, wurde allerdings überraschend von dem amerikanischen Finanzinvestor Apollo mit seiner Chemiefirma Hexion übertrumpft.
Jetzt hat Basell den drittgrößten amerikanischen Chemiekonzern Lyondell im Visier. 19 Milliarden Dollar (inklusive Schuldenübernahme) wird ihn das kosten. Als Lohn lockt Rang vier auf der Weltrangliste hinter BASF, Dow und DuPont. Basell wird nach dem Lyondell-Kauf einen Umsatz von 34 Milliarden Dollar haben und weltweit 15 000

Mitarbeiter beschäftigen. (5)

Ineos großer Aufkäufer in der Branche

Die britische Ineos-Gruppe hat sich bereits einen Platz unter den Top Playern der Branche erobert. Der Chemieriese mit inzwischen etwa 36 Milliarden Dollar Umsatz und mehr als 15 000 Beschäftigten entstand in den letzten Jahren mit Private-Equity-Finanzierung und umfangreichen Krediten. Nach und nach erwarb er vor allem europäische Basischemie-Anlagen, von denen sich andere Öl- und Chemiefirmen trennten. Der bisher größte Kauf war 2005 der der BP-Chemietochter Innovene für neun Milliarden Dollar. Im Mai gab Ineos den Kauf der Chemiesparte der norwegischen Norsk Hydro für 670 Millionen Euro bekannt. Jetzt kommt das Kunststoffgeschäft von Lanxess hinzu. Ineos gilt inzwischen als drittgrößtes Chemieunternehmen der Welt. Es ist nicht börsennotiert.

BASF Teile des Styrol-Kunststoffgeschäfts sollen

abgestoßen werden

Der Weltmarktführer BASF stellt knapp zwei Drittel seiner Styrol-Kunststoffe zum Verkauf. Der Umsatz des Geschäfts mit Standard-Styrolkunststoffen betrug im vergangenen Jahr rund 3,2 Milliarden Euro. Rund 1 000 Beschäftigte arbeiten in diesem Spezialchemiegeschäft. Styrol (SM), Polystyrol (PS), Styrol-Butadien-Blockcopolymer (SBS) und Acrylnitril-Butadien-Styrol (ABS) werden in der Herstellung von Verpackungen oder von Gehäusen für Elektrogeräte eingesetzt. Doch das Geschäft bringt nicht die gewünschten Erträge und soll deshalb verkauft oder in eine Partnerschaft eingebracht werden. Im BASF-Portfolio verbleiben sollen die Schaumstoffe und die Styrol-Spezialitäten für die Bau-, Automobil- und Verpackungsindustrie sowie für die Sport- und Freizeitindustrie. Als Kandidat für den Erwerb der Kunststoffsparte gilt die saudi-arabische Sabic. (6), (7)

Dow Chemical Rekordumsatz und Übernahme der Bayer-Tochter Wolff Walsrode

Der amerikanische Branchenführer Dow Chemical

hat die Übernahme der Bayer-Tochter Wolff Walsrode endgültig unter Dach und Fach gebracht. Der Kaufpreis inklusive Schulden und Pensionsverpflichtungen betrage 540 Millionen Euro, teilte Dow mit. Die Wolff-Aktivitäten sollen mit den eigenen Geschäften mit wasserlöslichen Polymeren zusammengeführt und somit ein neuer Spezialitätenbereich geschaffen werden.
Insgesamt liefen beim amerikanischen Branchenführer die Geschäfte im abgelaufenen Quartal sehr gut. Der Umsatz hat sich gegenüber dem entsprechenden Vorjahreszeitraum um sechs Prozent auf 9,7 Milliarden Euro erhöht. Der Quartalsgewinn sei um zwei Prozent gestiegen. (8)

Der amerikanische Branchenzweite DuPont hingegen hat eher enttäuscht. Zwar konnte auch er den Quartalsumsatz um sechs Prozent steigern, doch der Gewinn stagnierte wegen des schwachen heimischen Geschäfts. (9)

Bayer wiederum will die aus der Wolff-Walsrode-Transaktion zufließenden Finanzmittel in Höhe von 440 Millionen Euro in den Schuldenabbau stecken. Zum 1. Juli wurde die Übernahme der taiwanesischen Ure-Tech abgeschlossen. Mit der entwickle sich das Unternehmen zum weltweit größten Anbieter von TPU-Granulaten und -Folien.

Lanxess Traum von Degussa-Allianz ist geplatzt

Vor rund drei Jahren hat Bayer seinen Chemie- und Kunststoffbereich unter dem Namen Lanxess ausgegliedert. Seither ist Sanierung angesagt. Das Wachstum aus eigener Kraft stößt bereits an seine Grenzen. Daher schaut sich auch Lanxess draußen auf dem Markt um. Die Leverkusener waren scharf auf die Düsseldorfer Spezialchemiefirma Degussa, sind aber abgeblitzt. Degussa bleibt im Portfolio der RAG und geht mit an die Börse.
Loswerden will Lanxess seine verlustträchtige Kunststofftochter Lustran Polymers. Die britische Ineos fand sich als williger und billiger Käufer. (10)

Fazit

Die Chemiekonjunktur läuft weiterhin prächtig. Der Wandel der Branche hält an. Wettbewerber aus dem Nahen und Fernen Osten und kapitalkräftige Finanzinvestoren erobern die Chemie- und Kunststoffwelt.

Fallbeispiele

Wolff Walsrode

hatte nach früheren Angaben etwa 1 500 Mitarbeiter und erzielte 2005 einen Umsatz von 329 Millionen Euro. Das in Walsrode und Bitterfeld ansässige Unternehmen entwickelt und produziert aus Zellulose unter anderem Produkte wie Baustoffe, Hüllen für die Nahrungsmittelindustrie sowie Körperpflegeprodukte. Bayer hatte sich im Zuge der Übernahme von Schering von der Gesellschaft getrennt.

Basell

erzielte im vergangenen Jahr mit Kunststoffen (Polypropylen) etwa für die Verpackungsindustrie sowie für Auto- und Katalysatorhersteller einen Umsatz von 10,5 Milliarden Euro. Das Unternehmen wurde Mitte 2005 von BASF und Royal Dutch Shell für 4,4 Milliarden Euro an die Access Industries, die Industrieholding von Blavatnik, verkauft. Basell entstand in den neunziger Jahren aus dem Zusammenschluss der Kunststoffsparten von BASF, Shell und der damaligen Hoechst. (5)

Lyondell

ist mit 22,2 Milliarden Dollar Umsatz hinter Dow Chemical und Dupont das drittgrößte Chemieunternehmen in den USA. Das Unternehmen gehört unter anderem zu den führenden Herstellern des Massenkunststoffs Polyethylen. Außerdem ist Lyondell ein wichtiger Produzent von Propylen, einer Grundchemikalie, die Basell zum Kunststoff Polypropylen (PP) weiterverarbeitet.die Gesellschaft produziert auch Petrochemieprodukte; sie verfügt über Raffinerien und produziert Benzin und Diesel. (5)

Die niederländische **Akzo Nobel** macht gerade gemeinsame Sache mit der Düsseldorfer **Henkel** und hat den britischen Chemiekonzern **ICI** ins Übernahmevisier genommen. Akzo ist primär an dessen Farbengeschäft und Henkel an den Klebstoffen und Elektronikteilen interessiert. Ein formelles Übernahmeangebot liegt noch nicht vor.

Zahlen & Fakten

Die deutsche Chemiebranche zur Halbzeit des Jahres 2007:

- Umsatz: 83,8 Milliarden Euro (+8%)

- Inlandsumsatz: 37,1 Milliarden Euro (+8%)

- Auslandsumsatz: 46,7 Milliarden Euro (+8%)

- Umsatzwachstum 2007 (Prognose VCI): 7,5%

- Produktionswachstum 2007 (Prognose VCI): 3,5 4%

- Exporte: 64,0 Milliarden Euro (+12%)

- Importe: 44,8 Milliarden Euro (+13%)

- Kapazitätsauslastung: 87%

- Anlageinvestitionen 2007 (plan): 5,8 Milliarden Euro

- Beschäftigung: 434 640 Mitarbeiter

Weiterführende Literatur

(1) Chemieindustrie erhöht abermals die Prognose aus Frankfurter Allgemeine Zeitung, 06.07.2007, Nr. 154, S. 14

(2) Verband der Chemischen Industrie e.V. (VCI),

Presseinformation. Kennzahlen für das 1. Halbjahr 2007, 05.07.2007
aus Frankfurter Allgemeine Zeitung, 06.07.2007, Nr. 154, S. 14

(3) Kursschub für Chemieaktien
aus Frankfurter Allgemeine Zeitung, 06.07.2007, Nr. 154, S. 23

(4) Übernahmewelle
aus Handelsblatt Nr. 133 vom 13.07.07 Seite 8

(5) Basell setzt zum dritten Mal zur Großübernahme an
aus Frankfurter Allgemeine Zeitung, 18.07.2007, Nr. 164, S. 12

(6) O.V., BASF prüft Verkauf der Bereiche Styrol, Polystyrol, ABS und SBS, www.chemie.de, 19.07.2007
aus Frankfurter Allgemeine Zeitung, 18.07.2007, Nr. 164, S. 12

(7) BASF will sich von Teilen der Styrolkunststoffe trennen Chemiekonzern erhält Angebot für ertragsschwache Aktivitäten - Gut 3 Mrd. Euro Umsatz betroffen - Auch Joint Venture denkbar
aus Börsen-Zeitung, 18.07.2007, Nummer 135, Seite 9

(8) Starkes Europageschäft Dow Chemical erzielt Rekordumsatz
aus HANDELSBLATT online 26.07.2007 13:52:30

(9) DuPont stagniert und enttäuscht Heimatmarkt

schwächelt - Kurs bricht ein
aus Börsen-Zeitung, 25.07.2007, Nummer 140, Seite 11

(10) Der Showmaster
aus Manager Magazin, 20.07.2007, Nr. 8, Seite 56

Impressum

Halbjahresbilanz im Chemiegeschäft - Spitzen-Konjunktur und anhaltender Branchenwandel

Bibliografische Information der deutschen Nationalbibliothek

Die Deutsche Nationalbibliothek verzeichnet diese Publikation in der deutschen Nationalbibliografie; detaillierte bibliografische Daten sind im Internet über http://dnb.d-nb.de abrufbar.

ISBN: 978-3-7379-2234-0

© 2015 GBI-Genios Deutsche Wirtschaftsdatenbank GmbH, Freischützstraße 96, 81927 München, www.genios.de

Alle Rechte vorbehalten. Dieses Werk ist einschließlich aller seiner Teile – z.B. Texte, Tabellen und Grafiken - urheberrechtlich geschützt. Jede Verwertung außerhalb der Grenzen des Urheberrechtsgesetzes bedarf der vorherigen Zustimmung des Verlags. Dies gilt insbesondere auch für auszugsweise Nachdrucke, fotomechanische Vervielfältigungen (Fotokopie/Mikroskopie), Übersetzungen, Auswertungen durch Datenbanken oder ähnliche Einrichtungen und die Einspeicherung und Verarbeitung in elektronischen Systemen.